VICTOR,

ou

L'ENFANT DES BOIS.

Histoire du père de Victor.

LE comte de Stien fut mon père. Il habitait un château près de Dresde; sa naissance et ses grands biens, et plus encore ses vertus, lui donnaient une grande considération à la cour de l'électeur de Saxe. Il fit un mariage fort avantageux. Ma mère mourut en me donnant le jour : mon père, qui l'adorait, jura de ne jamais se remarier; il n'eut plus d'autre

occupation, d'autre plaisir, que de s
charger entièrement de mon éducation : et personne n'était plus fait
pour réussir dans cette entreprise,
si son excessive tendresse pour moi
n'eût pas été cause qu'il ne mettait
par la fermeté nécessaire pour répri-
mer la violence des passions que je
tenais de ma mère, née sous le beau
ciel d'Italie. Je ne vis que trop que
ces passions m'entraîneraient dans
quelques folies, dont les suites me
seraient funestes. J'avais déjà eu
quelques aventures galantes avec
jolies Saxonnes. Le comte, pour
m'éloigner pendant quelque temps
de Dresde, me fit voyager, dans les
différentes cours d'Allemagne, et
me confia à un Français nommé
M. de Sornin, homme plein d'hon-

neur, et du caractère le plus aimable. Nous parcourûmes une partie de l'Allemagne, et nous vînmes à Vienne.

Je venais d'avoir dix-huit ans lorsque j'y arrivai; le marquis de *** y était embassadeur de France. Un hasard funeste nous rendit amoureux de la même femme. Il était laid, et beaucoup plus âgé que moi; mais il était riche, et quoique mon père eût remis à M. de Sornin des lettres de crédit, nous en usions avec modération, et mon gouverneur ne m'aurait pas donné les moyens de me ruiner pour cette belle personne.

Rosa, c'était son nom, été attachée aux biens de ce monde presqu'à l'égal des plaisirs; mais elle voulait concillier l'un et l'autre, et voilà ce qui nous perdit. Elle me persuada qu'elle ne recevrait les soins du marquis *chè per l'onòre* : je voulus m'en assurer, et un soir je feignis d'être forcé de sortir plus tôt de chez elle, pour me rendre chez un de mes amis sérieusement malade. J'avais mis sa femme de chambre dans mes intérêts, moyennant quelque argent ; elle me fit cacher dans sa chambre, de manière à voir tout ce qui allait et venait sans être vu. A peine y étais-je, que Rosa dit à Elisbeth de porter un billet chez l'ambassadeur, pour le prévenir qu'elle l'attendait à une heure du matin. Ce billet, que je lus, m'en avait appris assez ; mais je voulus confondre la perfide. Je n'avais plus d'amour, mais j'étais enflammé du désir de

me venger de Rosa, en instruisant
le marquis du peu de fond qu'il
devait faire sur les sentimens d'une
femme assez vile pour recevoir des
présens d'un amant, et donner tout
espoir à un autre. J'exigeai de Lisbeth qu'elle portât le billet à l'ambassadeur, et une bague que je lui
donnai l'y détermina. Je passai toute
la soirée dans l'agitation la plus terrible. La vieille avait rapporté la
réponse, que je lus aussi. C'était celle
d'un amant heureux, et qui mettait
encore quelque prix à sa conquête.
Il avait accompagné cette lettre
d'une fort belle paire de boucles de
diamans. L'ambassadeur devait être
chez Rosa à une heure du matin. Il
fut convenu que Lisbeth me place-
rait dans l'alcove de sa maîtresse,

derrière les rideaux qui couvraien
le fond, avant qu'elle vint se cou
cher ; que j'y attendrais l'ambass
deur, et que, dès qu'elle aurait
vert à son excellence, elle quitterait
la maison de sa maîtresse, se rens
drait au port, s'éloignerait sur le
Danube et gagnerait Constantino
ple ; une bourse que je lui donnai
ce qu'elle prit à Rosa devaient pay
les frais du voyage.

Avec quel sentiment de haine
de mépris je voyais cette beauté que
j'idolâtrais la vielle ! Ah ! pourquoi
ces sentimens n'ont-ils pas été ceu
du marquis pour cette indigne créa
ture ? il existerait encore ; et sa mor
ne m'aurait pas condamné aux plus
cruels tourmens. Je n'avais d'autres
projets que de couvrir Rosa du juste

épris qu'elle m'inspirait, et, après
avoir convaincu le marquis de ***
de la mauvaise conduite de celle à
qui il prodiguait sa fortune, nous
sérions sortis ensemble sans nous
n' vouloir, et l'amant détrompé
me me sachant gré de lui avoir
fait connaître la trahison de Rosa.
Je ne connaissais pas l'empire qu'une
jeune et belle femme peut avoir sur
un vieillard amoureux, et je ne tar-
dai pas à en avoir la preuve.

A peine M. de *** est-il introduit
par la duègne, que posant son chapeau et son épée sur un fauteuil près
du lit de Rosa, qui lui sourit avec
expression d'une vive et naïve ten-
resse, l'ambassadeur détache son
anteau, et moi, ouvrant tout à
oup le rideau qui fermait le fond de

l'alcove, je lui adresse ces paroles :

« Votre excellence me pardonnera la manière incivile dont je lui fais ma visite ; mais Madame m'y force. Cette femme sans pudeur vous trompe comme elle me trompait. Ah! ciel! s'écria Rosa, mon cher comte pourriez-vous croire...? — Non, je ne crois rien et je saurai punir une telle insolence. Quittez ce lieu que vous profanez par votre présence, et venez recevoir le châtiment de votre criminelle audace ; et, saisissant son épée, qu'il tire de son fourreau, il me laisse à peine le temps de descendre du lit, qu'il fallait que je traversasse pour me trouver près de lui. J'avais eu la précaution d prendre mon épée, et j'étais d'une grande force dans l'escrime. Cependant je n'en voulais faire aucun usage contre un homme beaucoup plus âgé que moi, et mon seul projet était de me défendre. Mais sa colère l'aveuglait, il m'accablait d'injures, et mon sang commençait à s'enflammer. Vous abusez, lui dis-je, du respect que je porte à votre caractère, à vos cheveux blancs ; ne me poussez pas à bout. Je tenais mon épée et ne faisais que de m'en couvrir. Il la relève du bout de la sienne, et voulant au même moment me porter un coup au cœur, le pied lui manque, et tombe sur la pointe de mon fer, qu'il s'enfonce d'outre en outre dans la poitrine. Des flots de sang sortent à l'instant ; Rosa jette un cri lamentable. Toute la

maison accouru : M. de *** n'était
plus. . . . .

Rosa, par une noirceur abomi-
nable, m'accuse d'assassinat? Elle
présente aux yeux de tous ceux que
cette affreux événement avait attirés
chez elle, comme une victime de la
plus infâme trahison, et ne voyant
pas accourir sa femme de chambre
avec les autres, elle bâtit aussi
une histoire assez vraisemblable.
Elle prétendit que cette femme avait
seule attiré l'ambassadeur dans un
piége, dont elle, Rosa, n'avait aucune connaissance; et que c'était,
selon toute apparence, cette femme
qui m'avait fait cacher pour assassi-
ner le marquis de *** dont j'étais ja-
loux. . . . .

J'avais voulu inutilement me sous-

traire à la justice qui pouvait ne pas
reconnaître mon innocence, et j'aimais mieux me défendre en liberté,
que d'attendre que l'on me fît sortir
de prison : cela me fut impossible.
La vue du cadavre, les cris, le désespoir de Rosa, la disparition de la
vieille, tout concourait à m'accuser :
je fus arrêté et conduit en prison ;
que dis-je ! dans le plus horrible
cachot ; ce qui me fit connaître à
quel point il me serait difficile de
me tirer de ce mauvais pas.

J'obtins pourtant du guichetier,
en lui promettant cent ducats, qu'il
irait porter une lettre à M. de Sornin, où je lui apprenais mon malheur, et le priais, après avoir confié
le soin de mes effets à Silvio, et de
partir sur-le-champ, pour prévenir

mon père de ma triste situatio
guichetier, à qui mon gouverne
remit la récompense promise, e
rapporta la réponse de ce fidèle ami,
qui devait partir aussitôt pour cher
cher mon père. Cette précautio
prise, je fus plus tranquille.

Cependant la nouvelle de l'assassi
nat de l'ambassadeur de France fit
un bruit terrible dans la ville. On ne
manqua pas d'en envenimer les cir
constances. On en fit une affaire de
parti, et peu s'en fallut qu'on ne pr
posât d'armer la France contre
l'Autriche, parce qu'un homm
qui aurait dû être revenu des folies
du premier âge, s'était pris de que
relle avec un jeune imprudent.
Pauvre peuple ! que vos intérêts
sont quelquefois en de mauvaises

mains (1) ! On envoya sur-le-champ des courriers porter cette nouvelle à Paris. Le roi fit demander justice de l'assassin de son ambassadeur. Des témoins qui n'avaient rien vu furent entendus, et assurèrent que j'étais sorti à l'improviste de l'alcove , et que je fondis l'épée nue sur le comte qui tomba mort. Rosa eut l'effronterie de confirmer ces témoignages, et fut crue comme si elle eût été la vertu même , parce que rien ne prouvait que nous fussions bien avec elle ni l'un ni l'autre. Nous étions, le marquis et moi, habillés et armés. Il est vrai que Rosa était couchée ; mais elle disait que c'était sa femme

---

(1) Mais toujours moins mauvaises que lorsque vous voulez vous en mêler seul.

a.

de chambre qui avait tout fait sans sa participation. Le marquis mort, il ne pouvait rendre compte de quelle manière les choses s'étaient passées ; on ne pouvait non plus lui opposer les dépositions de Lisbeth, elle avait disparu. Heureux qu'on ne m'accusât pas aussi de l'avoir jetée dans le Danube ! Enfin mon procès se fit si promptement, que j'étais condamné par le tribunal suprême avant que mon père, qui avait fait la plus extrême diligence, fût arrivé. Il n'y avait d'autre moyen de me sauver que de prendre mes fers : la tendresse paternelle en était seul capable. Mon père me força à me revêtir de ses habits et m'assura qu'il n'avait rien à craindre, tandis que si je périssais, c'était l'arrêt de sa mort

J'eus toutes les peines du monde à
y consentir. Cependant, lui qui n'a-
vait jamais rien exigé de moi, m'ordonna impérieusement de suivre
M. de Sornin, qui était entré avec
mon père. Le guichetier était gagné,
et comme lui seul était responsable,
il sortit avec moi et s'attacha à ma
fortune. Cet homme, qui se nomme
Schwart, est encore à mon service.
Nous gagnâmes la Pologne, et on
ne put retrouver nos traces, tant
nous mîmes de célérité dans notre
fuite.

Le guichetier ne paraissant point
pour la fermeture des portes, on en
rendit compte au gouverneur de la
forteresse, qui descendit dans les
cachots pour s'assurer s'il ne s'était
échappé aucun prisonnier. Il vint

au mien. Je devais être livré au bôureaux le lendemain. Il fait ouvrir, et quel est son étonnement e voyant à ma place un vieillard res pectable ! — Qui êtes-vous ? dit-il où est le prisonnier ? — C'est moi dit mon père. — Vous, un homm de dix huit ans ! et il fut plus trou. blé que ne l'était mon père. Il e rendit compte au ministre, et on r' solut de laisser le comte en pris jusqu'à ce que je reparusse.

Cette mesure injuste aurait e cependant le résultat qu'ils en at tendaient ; car dès que je l'appris malgré tout ce que M. de Sornin et Ulric pussent me dire, je partis pour rendre la liberté à mon père, quand la nouvelle de sa mort vint arrêter mes pas et porta la désolation dans mon âme.

La douleur d'être séparé de son fils, l'inquiétude que l'on m'arrêtât de nouveau, lui avaient ôté le sommeil ; il ne pouvait manger ; ses pleurs coulaient sans cesse sur moi. Cette profonde douleur, jointe à la privation d'air et de tout exercice, le conduisit bientôt dans la tombe ; et je n'eus plus à mon tour qu'à le pleurer.

Je jurai de le venger d'un gouvernement sans pitié pour un vieillard, sans justice pour un innocent.

Ce fut alors que le ciel, qui voulait me priver d'un ami qui aurait au moins pu remplacer, par ses sages conseils, le père que j'avais perdu, permit que M. de Sornin fût attaqué d'une fièvre violente, qui l'emporta le vingt et unième jour.

Cette perte, comme celle de mon
père, m'était d'autant plus cruelle,
que je pouvais aussi m'en accuser,
et attribuer l'inflammation dont M.
de Sornin fut attaqué à la rapidité
des courses qu'il avait faites pour
moi, tant de Vienne à Dresde que
de Dresde à Vienne, et enfin quand
il fuyait avec moi un pays où, sans
moi, il eut pu demeurer dans la plus
parfaite sécurité, tandis que nous
ne nous arrêtions ni jour ni nuit,
nous donnant à peine le temps de
prendre quelque nourriture. Ma
jeunesse, la force de mon tempéra-
ment résistèrent à cette excessive fa-
tigue ; mais mon cher gouverneur
qui avait près de cinquante ans, en
fut tellement accablé, qu'arrivé à
Cracovie, il se sentit frappé de la

maladie qui me l'enleva au moment
où je m'y attendais le moins. Il employa les intervalles des cruelles
douleurs qu'il ressentait dans la poitrine à me donner les avis les plus
utiles dans la triste situation où j'é-
tais. Il voulait que je passasse en Angleterre, que j'entrasse au service
e cette puissance, et que je fisse
evoir mon procès pour revenir dans
on pays, et rentrer dans les biens
mon père, dont il y avait bien à
résumer que le gouvernement
'emparerait pendant mon absence.
e lui promis de suivre ses conseils,
ont l'exécution seule pouvait me
auver, et cette promesse parut le
ranquilliser. Pour me donner le
oyen de quitter Cracovie, il écri-
it à un de ses amis à Dresde de

vendre une petite maison qu'il
avait achetée, sa bibliothèque,
ses autres effets, et d'envoyer
tout à Cracovie à un notaire à qui
il fit part de ses intentions; é
en effet me remit, un mois après,
douze cents ducats dont j'avais ma
gé d'avance une grande partie, ta
pour moi que pour Schwartz, do
je fis mon valet de chambre. Je li
donnai les habits de M. de Sor
il perdit entièrement les maniè
farouches de son premier méti
en ayant quitté le costume. Il ai
la bonne chère, et surtout les
queurs fortes, et il trouva dans l'h
tellerie où mon pauvre ami ét
mort, d'autres valets qui avaient
mêmes inclinations. Il eut bien
fait connaissance, tandis que moi

livré à la douleur la plus profonde , je ne voyais personne, et je ne m'occupais que du moyen de me venger de ceux qui m'avaient enlevé mes seuls amis.

Le lendemain que j'eus reçu le montant de la succession de M. de Sornin, et que je me disposais à gagner, en traversant la Prusse, une ville maritime pour pouvoir me rendre en Angleterre, je vis entrer dans ma chambre un petit homme gros et trapu , dont un large chapeau couvrait la moitié de la figure. Il était introduit par Schwartz, qui l'annonça, M. Luc Roc , baron de Forcheim.

— Comte de Stein , me dit-il, j'ai laissé à votre douleur le temps de se calmer. — Qui vous a dit, Monsieur le baron, ... — Il est inutile que vous dissimuliez avec moi. J'ai suivi toutes vos démarches depuis votre arrivée à Vienne. Il était de l'intérêt de ma société de vous avoir parmi nous, et plus encore pour les miens propres. Je devais vous chercher à Vienne le jour où vous tûtes l'ambassadeur de France. Si vous eussiez été à l'échafaud, nous aurions organisé une émute pour vous enlever et vous conduire dans château fort qui nous appartient, et vous auriez été à l'abri de toutes poursuites; mais votre père nous va du bonheur de vous arracher au plus cruel despotisme. Sa mort, celle de votre gouverneur, l'attente où vous étiez de fonds pour quitter Cracovie, où je vous avais suivi.

nous n'avons rien ignoré : et je viens vous offrir, de la part de nos frères, l'asile qu'ils vous auraient prié d'accepter il y a deux mois, et où vous resterez tant que cela vous conviendra, vous et votre valet. Si vous prenez parti parmi nous, vous mettrez à la caisse ce qui vous est revenu de la succession de M. de Sornin, et ce fonds, tout modique qu'il est, suffira pour vous faire jouir de la vie la plus agréable ; car notre association nous procure tout ce dont nous avons besoin. — Et comment, repris-je, avez-vous des fonds si considérables ? — Vous le saurez.

Comme au fait nous avions, mon compagnon et moi, tout à craindre, étant si bien connus du seigneur Luc Roc, baron de Forcheim, qu'il ne prît de l'humeur, si je le refusais, et qu'il nous dénonçât, je pensai que ce que j'avais de mieux à faire était ce qu'on m'offrait ; et j'en ai été persuadé de plus en plus, lorsque j'ai connu cette sainte association, qui régénérera le monde avant deux ou trois siècles, et qui, en attendant châtie les puissans et défend les faibles. Vous me demanderez peut-être quel intérêt Luc-Roc prenait à moi ?

Il était l'époux de la sœur de ma mère, qu'il avait enlevée à Venise le jour où mon père épousait ma mère. Il avait résolu depuis long-temps de m'enlever à mon père, dont les principes étaient opposés aux siens ; et lorsqu'il eut appris que je voyageais, il sorti de sa citadelle

pour saisir l'instant où il pourrait
m'engager à le suivre. Je n'avais plus
de parent; je ne pouvais retourner à
Dresde , où le gouvernement m'aurait livré à celui d'Autriche : et je
n'en pouvais douter, puisque l'électeur avait fait confisquer mes biens.
Je me trouvai donc heureux de ren-
contrer un oncle dans le seigneur
Luc Roc, et je partis avec lui,
Schwartz , et six hommes qui nous
servaient d'escorte.

Après avoir fait plus de cent
lieues, car nous ne suivions pas la
grande route, ce que mon oncle me
disait-être nécessaire pour que je
ne fusse pas reconnu par les satel-
lites de Maximilien, nous arrivâmes
dans ce château qui n'appartient à
personne en particulier, mais qui

3.

est l'habitation du chef de l'associ
tion. Il sert de retraite à ceux que
l'autorité poursuit; c'est ici où sont
trésor de la société et l'arsenal; c'
ici qu'on juge eu dernier ress
les hommes qui abusent de leur po
voir. On leur signifie leur jugement,
en leur offrant de se racheter po
une somme proportionnée à leur ri
chesses et à l'abus qu'ils en font.
quart de ces contributions est d
né aux pauvres; un quart est mis e
réserve dans les souterrains du ch
teau, et gardé pour de grandes ré
volutions, lorsque le temps en ser
venu. Le moitié restante sert à sou
tenir honorablement les membr
de l'association qui ont été dépouil
lés de leurs biens par l'avarice du
gouvernement. Voilà, mon neveu

me dit-il, tout le secret de notre société, où vous allez être reçu sans
aucune épreuve, parce que je ré-
ponds de vous.

Il n'en sera pas de même de votre
valet. Ces gens-là ont besoin d'avoir
l'imagination frappée de terreur
pour garder un secret dont ils savent
que la révélation leur coûterait la
vie. Tout se passa comme mon oncle
me l'avait dit : je fis le serment de
délité et d'obéissance au grand-
aître, qui était mon oncle, en pré-
ence de quarante membres de l'as-
ociation, qui tous m'acceuillirent
vec infiniment de bonté. Le pauvre
chwartz fut reçu frère servant, et
e s'en tira pas trop mal. Un ban-
uet maçonnique suivit ma réception,
t le soir mon oncle me présenta à

la baronne, qui me fit mille c
ses, et trouva que je ressemblais
finiment à sa sœur. Elle n'avai
qu'une fille, et elle me dit qu'el
me regarderait comme son fils,
me marierait à Stéphana, qui el
encore au couvent, mais reviendr
bientôt. Je m'informai à un des frè
si elle était jolie. — Tout au c
traire, elle est très-laide, étant
freusement marquée de la petite v
role, qui lui a fait perdre un t
D'après ce portrait, je n'étais
pressé de voir ma charmante, c
sine.

— Deux ans se passèrent ainsi. Pe
dant ce temps, je fus employé hon
rablement par la société, et je
m'occupai qu'à redresser des tort
mettre en liberté des prisonnier

unir de tendres amans, forcer des
usuriers à rendre ce qu'ils avaient
volé à leurs débiteurs; enfin je rem-
plis avec succès toutes les opérations
auxquelles j'étais employé. Étant
un jour dans l'électorat de Brandebourg, près d'une riche abbaye, on
me dit qu'il y avait une jeune personne d'une rare beauté, que ses
arens allaient contraindre à pro-
oncer ses vœux ; qu'il fallait s'y
pposer : je voulus d'abord la voir,
t je me rendis à l'église. Le rideau
e la grande grille du chœur était
uvert, et je vis la belle novice. La
oir et en devenir amoureux ne fut
u'un seul moment : alors j'écrivis à
on oncle ce que je viens de te dire,
t j'ajoutai : Je ne trouve aucune dif-
culté d'enlever la novice ; mais je

ne le puis qu'à condition que vo
me permettrez de ne pas épouser
ma cousine, que je ne rendrais pas
heureuse, et que vous me marie
avec la belle Thérézia de Mi
fort; c'était ainsi que s'appelait
novice. Mon oncle, à qui il imp
tait peu que sa fille fût ou non pou
vue, m'assura qu'il me laisserait pa
faitement libre de faire ce que j
voudrais. Qu'aussi bien il paraissai
que Stéphana avait pris un goût
décidé pour le cloître, qu'avec sa
gure elle y serait mieux que dans l
monde; et qu'il m'attendait, et l
jolie none, avec laquelle il m'uû
rait dès que je l'aurais amenée à l
forteresse.

Enchanté de la réponse de mon
oncle, je ne m'occupai plus que

d'enlever ma novice, et je pensai qu'il fallait d'abord employer les moyens de douceur, qui réussissent toujous mieux que d'autres. Je me rendis à l'abbaye, et fis demander l'abbesse. Elle vint au parloir. Madame, lui dis-je, avez-vous entendu parler des associations secrètes ?— Non, Monsieur.—Eh bien ! Madame, apprenez qu'elles sont envoyées de Dieu pour réformer la terre, et principalement les abus du pouvoir. En est-il un plus grand que de contraindre une belle et une personne à se faire religieuse ?

Qui vous a dit, Monsieur... ? — Je le sais, et je suis envoyé par notre chef suprême pour retirer de vos mains cette victime du pouvoir arbitraire. Il faut ce soir, à onze

heures précises, que vous l'ameniez
à la porte charretière de votre jardin,
et que vous me la remettiez, où je
fais mettre le feu aux quatre coins
de votre couvent, sans que vous
puissiez l'éteindre, et vous grillerez
toutes comme des mauviettes. —
Que me dites-vous, Monsieur ? —
Ce qui est inévitable ; mes gens sont
prêts, ils investissent votre maison,
et à onze heures un quart vous ver-
rez les tourbillons de flammes et de
fumée qui environneront vos cloî-
tres, gagneront les dortoirs ; et je
vous répète, vous serez réduites en
cendre avant que vous ayez eu le
temps de sonner les cloches pour
appeler du secours. — Mon Dieu!
mon Dieu ! est-il possible ? — N'allez pas croire que vous pourrez em-

pêcher cette punition de vos crimes secrets, elle est résolue dans notre conseil ; si vous ne vous rachetez pas par l'abandon que je vous demande, vous êtes perdue : quand vous me feriez arrêter, conduire à l'échafaud, cent mille bras seraient armés pour me venger.

La bonne abbesse était fort simple et très-craintive. Elle pensa qu'effectivement la jeune novice étant contrainte par ses parens à se faire religieuse, elle remplirait mal ses devoirs ; qu'ainsi elle ferait une action agréable à Dieu en lui rendant la liberté, et en préservant sa sainte maison d'être détruite par le feu. Car je ne doute pas, dit-elle, qu'il ne le fasse comme il le dit : il a l'air bien méchant. Et elle résolut de conduire

Thérézia de Midelfort à la porte du couvent, si toutefois elle y consentait. D'un autre côté, je fis parvenir, à force d'argent, à Thérézia, un billet, pour qu'elle se laissât conduire par son abbesse, et voici comme je raisonnais. Toute jeune fille qui refuse de se faire religieuse, cela ne peut être que parce qu'elle a un amant. Il faut donc que ce soit au nom de cet amant que je lui demande de se laisser enlever. Mais si elle connaît son écriture. Je trouverai bien un prétexte pour qu'il ait été obligé de se servir d'une autre main, j'écrivis ce billet ainsi conçu :

CHÈRE ET TROP BELLE THÉRÉZIA,

« Le moment est venu de vous affranchir d'un joug tyrannique : demain il n'en sera plus temps. Laissez-vous guider ce soir par votre respectable abbesse : elle vous remettra dans les mains de votre amant, qui sera votre époux, je vous le jure par tout ce que l'homme a de plus sacré. Je me sers d'une main étrangère, mais fidèle, et je vous en expliquerai la raison quand l'amour aura réuni deux cœurs que rien ne pourra séparer. Vous pouvez sans crainte communiquer cette lettre à votre abbesse, à qui je vous prie de présenter mes respects, et lui dire que je compte sur sa promesse.

Ce 18 septembre 15***.

On pense bien que cette lettre étonna infiniment Thérézia. Elle ai-

mait en effet, et était aimée d'un étudiant d'Iéna ; mais ce mariage qui
ne convenait point à M. de Midelfort, avait été en partie cause de la
résolution qu'il avait prise, d'exiger
de sa fille qu'elle se fît religieuse.

Elle crut donc réellement que
cette lettre était de son ami. La précaution que j'avais prise, de l'engager à la faire lire à l'abbesse, ôtait
tout soupçon. Elle la lui porta en
effet ; et la pauvre abbesse, qui ne
voyait que feu et flamme, assura
Thérézia qu'elle avait consenti à sa
sortie du couvent, parce qu'elle
avait craint qu'en l'engageant par
des vœux contre sa vocation, elle ne
fût peut-être cause de sa damnation ;
qu'elle espérait que son époux la
rendrait heureuse ; et qu'elle la

priait, lorsqu'elle lui serait réunie,
de l'engager à protéger son abbaye,
et à la garantir de tout danger.

Thérézia, qui ne connaissait à son
amant d'autre puissance que celle
de plaire, ne comprenait pas trop
ce que son abbesse voulait lui dire ;
mais elle ne lui promit pas moins de
dire à M. de Lœben tout ce qui pourrait lui être agréable. — Ah! c'est
M. de Lœben que vous aimez ? —
Oui, Madame, et de toutes les puissances de mon âme.— C'est un homme d'une grande naissance, et un ex-
cellent sujet. Ce que vous me dites
là me rassure infiniment : je suis
seulement étonnée qu'il soit... Enfin,
c'est un très-beau et très-bon jeune
homme, et vous serez sûrement heureuse avec lui. Jamais on n'attendit

avec autant d'impatience quoi que ce soit, que Thérézia attendit l'heure où son abbesse lui avait dit de se rendre dans son appartement.

La demie avant onze heures sonne ; Thérézia sort de sa cellule, traverse le dortoire, où tout était dans le plus grand calme, arrive à l'appartement de Madame, qui ne s'était point couchée, tant elle craignait d'arriver trop tard au rendez-vous.

Dès qu'elle vit Thérézia, elle lui dit d'ôter ses saints habits et de reprendre ceux qu'elle avait lorsqu'on l'avait amenée à l'abbaye, et que l'abbesse avait fait porter chez elle sans en dire la raison.

Mais surtout dépêchez-vous. On pouvait se dispenser de le recommander à Thérézia. Pour fuir le couvent que l'on déteste, et retrouver un amant chéri, est-il rien qui puisse donner plus de vivacité? Aussi la toilette de Thérézia ne dura qu'un instant, et cependant elle n'était pas sans prétentions. Partons, dit l'abbesse, partons donc. La novice admirait la précipitation de Madame. On dirait que c'est elle, qui va épouser celui qu'elle aime, se disait tout bas mademoiselle de Midelfort.

Enfin on part, on traverse le jardin. Ma fille, disait l'abbesse, ne sentez-vous pas la fumée? — Non, Madame. — quelle est cette lueur? — Celle des étoiles. Et enfin, elle arrive à la porte comme l'horloge onne onze heures. L'abbesse l'ou-

vre : j'étais tout prêt à saisir ma proie.
— Est-ce vous, M. de Lœben ? —
Oui, madame. Elle pousse aussitôt
Thérézia dehors. — Adieu, mon
enfant, adieu, et la porte se ferme. Le ciel n'avait jamais été plus
serein, les étoiles brillaient de mille
feux.

Thérézia ne vit que trop que je
n'étais point l'amant qu'elle cherchait ; et, quand je voulus la serrer
contre mon cœur, elle s'écria : Grand
dieu ! vous n'êtes pas M. de Lœben ?
— Non, Mademoiselle ; et il n'a pu
se rendre ici, il est blessé, et il m'
chargé de venir vous chercher,
comme il m'avait chargé de vous
écrire. — Il est blessé grièvement ?
— Non ; il ne l'est qu'au bras, mais
il n'aurait pu monter à cheval. Ne

lardons pas à le rejoindre, car il meurt d'impatience. Et, la prenant dans mes bras, je la place en groupe sur mon cheval! m'y élance aussitôt, et pars, suivi de Schwartz, comme si un génie infernal nous eût emportés.

Il me fallait tenir avez un bras vigoureux la belle Thérézia, pour qu'elle ne m'échappât pas. Quand elle vit que nous traversions plusieurs milles sans arriver auprès de son cher Lœben, elle donnait tous les signes du désespoir, et appelait toutes les puissances célestes à son secours. Il fallut bien pourtant s'arrêter. Arrivé à une hôtellerie, je fus obligé de la porter dans une chambre où je la gardai à vue tout le temps nécessaire pour que l'on nous servît à souper : mais impossible de lui faire manger la moindre chose. J'avais fait prévenir l'hôte qu'elle était ma femme, mais qu'elle était folle, et que sa folie consistait à ne se pas croire mariée. Je payai magnifiquement : on ne put me soupçonner de mentir, et il ne fit aucune difficulté à ne faire préparer qu'un lit.....

Mon fils, ne me force pas à rougir en te peignant une scène affreuse, dont le souvenir empoisonnerait le reste de mes jours si tu n'y avais pas dû l'existence, et qui n'en a pas moins condamné ma vie à un chagrin dévorant.

Dès le premier instant que je vis Thérézia, je sentis pour elle la passion la plus vive ; mais cette fatale

uit, en me faisant connaître sa
ertu, son innocence, et tous les
harmes qu'elle avait reçus de la
ature, porta mon sentiment à une
elle ivresse, que je ne peux penser
elle, l'entendre nommer, sans
e sentir encore ému jusqu'au fond
u cœur. Si un seul moment con-
omma mon outrage, je passai le
este de la nuit à ses pieds : mes
armes, mes sermens de l'épouser
ès que nous serions arrivés à la cita-
elle, rien ne put la fléchir. Il aurait
allu être un tigre pour ne pas être
ouché de son désespoir. Sa douleur
tait si profonde, ses larmes si amè-
es, que j'en étais pénétré d'horreur
ontre moi-même, qui étais cause
e son malheur.

Il fallut pourtant reprendre le ton

de maître, et d'un maître irrité,
pour pouvoir la faire remonter à
cheval. Qu'on l'y attache, dis-je en
me contraignant pour cacher la pitié
qu'elle m'inspirait. — Elle vit bien
qu'elle ne gagnerait rien à me résister. D'ailleurs ; je lui avais parlé
de ma tante comme d'une créature
angélique, et elle espérait obtenir
qu'elle la protégerait et la défendrait
contre mes transports. Elle reprit
donc sa place sur mon cheval et je
la serrais dans mon bras, car j
craignais que le calme qu'elle témoi
gnait ne fût trompeur, et qu'elle n
m'échappât.

Nous arrivâmes le soir du secon
jour ici. A un signal convenu, o
baissa le pont. L'aspect de cett
forteresse redoutable la fit frémir

Je suis perdue, dit-elle, et elle fit un effort pour s'échapper de mon bras afin de se jeter dans les fossés. J'avais prévu ce mouvement; je la tins ferme, et nous gagnâmes la porte du vestibule qui s'ouvrit aussitôt : ce fut à mon oncle que je la confiai.

Il fut frappé de sa beauté et touché de ses larmes. Thérézia, voyant parmi ceux qui étaient venus à sa rencontre une femme d'une physionomie douce et noble, ne douta pas que ce ne fût ma tante; et, s'échappant des mains de mon oncle, elle vint se jeter aux genoux de la baronne qui la releva avec l'expression de la plus grande sensibilité. Aimable étrangère, lui dit-elle, ne craignez rien. Vous êtes ici aussi libre, et plus libre que chez vos parens; et je ne souffrirai point qu'il vous soit fait le plus léger outrage. —'Ah! Madame, si vous avez tant de bonté, ôtez-moi de la présence de ce monstre, en m'indiquant obligeamment — Et qu'a-t-il fait, dit ma tante, pour avoir mérité une semblable épithète ?—Ôtez-moi de sa vue, Madame, si vous ne voulez pas que je meure.

Pendant cette discussion, je racontais à mon oncle où j'en étais avec la belle Thérézia. Il trouva que j'avais été bien vite. Mais enfin le mal est fait, il faut le réparer autant que possible ; d'ailleurs, tu ne te plaindras pas de ce qui manquera à sa dot : tu sais qui s'en est emparé. Il y a dans les environs un vieil ermite ; je le ferai enlever cette nuit,

et demain dès l'aurore il vous ma-
riera, et peu à peu elle s'accoutu-
mera à toi. Tu n'es pas aussi beau
que son cher Lœben, que j'ai vu
chez son père ; voilà pourquoi elle
est de si mauvaise humeur : cela se
passera.

Ma tante avait emmené Thérézia, et elle sut tous ses sujets de
plainte contre moi. Nous ne vîmes
point ces dames de la soirée, et ma
tante ne me permit pas d'entrer
dans son appartement. Il fallut bien
prendre son mal en patience, et
aller chercher quelques momens de
repos ; j'en avais besoin, car on se
rappelle que je n'avais pas fermé
l'œil de la nuit.

L'expédition de l'enlèvement de
l'ermite, réussit à merveille, et il se

trouva très-heureux quand il sut
qu'il en serait quitte pour faire un
mariage, et s'en retourner dans son
ermitage après un bon déjeûner et
cent florins dans sa poche. On para
la chapelle, où, depuis quinze ans,
on n'avait pas dit la messe, parc
que mon oncle n'était pas très-dévot
et quand tout fut prêt, le baron de
Forcheim m'amena chez sa femme
à qui il ordonna d'ouvrir la porte d
son appartement. Ma tante me
les plus vifs reproches, et me dit qu
Thérézia s'était mise sous sa prote
tion, et que sûrement ce ne sera
pas en vain. — Mais quoi ! lui di
je, elle refuse le seul dédommag
ment que je puisse lui offrir. — El
ne veut ni vous voir ni vous parler
elle ne m'a demandé d'autre grâ

que de rester enfermée dans mon appartement , et je ne souffrirai point qu'il lui soit fait violence en quoi que ce soit. — Croit-elle que je consentirai à son mariage avec Lœben ? — Elle ne veut point vous épouser, et elle sait qu'elle doit renoncer à épouser le baron de Lœben. Mon oncle voulut se mettre en colère, ce fut inutilement. Mme de Forcheim n'opposa à ses emporte-nens qu'un flegme imperturbable. On fut contraint de renvoyer l'er-mite avec la récompense promise, sans qu'il eût fait le mariage. Mon oncle m'assura que j'aurais mon tour, et qu'on me demanderait peut-être avec la plus vive instance ce que l'on me refusait à ce moment. Il ne connaissait pas le caractère altier de Thérézia, que rien n'a pu fléchir.

Rien, pas même le désir de t'assurer un état, que son opiniâtreté t'a refusé. Depuis six semaines qu'elle était dans la citadelle, elle passait tous ses jours dans l'appartement de ma tante, qui s'était fort attachée à elle, et ne cessait de dire que c'était un crime d'avoir empêché une aussi belle et charmante personne de faire un établissement convenable.

Elle ne l'eût point fait, répondais-je : son sublime Lœben la laissait être religieuse ; sans moi elle ne serait jamais sortie du couvent. — J'en conviens, mais elle aime Lœben et ne vous aime pas..... Elle m'aimerait si elle me permettait de vivre en société avec elle. Madame de Forcheim était intraitable, et rien ne put l'engager à protéger mon amour.

Cependant les symptômes trop certains avertirent ma tante que Thérézia portait dans son sein le fruit de mon ardent amour. Elle employa alors toute l'éloquence de l'amour maternel pour décider Thérézia à me prendre pour époux. Elle ne voulut point y consentir : elle s'expliqua d'une manière si positive, qu'il ne resta nul espoir de la échir. Je n'en fus pas moins enchanté de la certitude que j'allais être père avant vingt ans, et de l'enfant d'une femme que j'adorais.

Sur ces entrefaites, Stéphana revint chez sa mère. Les religieuses l'avaient trouvée d'une santé trop

délicate pour l'admettre parmi elles.
Je la vis : elle me parut encore plus
laide que l'on ne me l'avait faite.
Malheureusement il n'en fut pas de
même de ma chère cousine, qui me
prit dans la plus belle passion que
l'on puisse imaginer. On se cachait
d'elle, pour qu'elle ne sût pas les
aventures de Thérézia ; de sorte
qu'elle la croyait une jeune femme
dont le mari était absent, et elle ne
se doutait en rien de mon amour
pour la belle personne. Elle s'attacha à elle, car on ne pouvait vivre
habituellement avec Thérézia sau
l'aimer. — Stéphana m'en parlait
et je lui dus la satisfaction de l
voir sans être vu.

Il y a ici une terrasse qui commu
niquait de l'appartement de ma tante

à celui de Thérézia. On y a pra-
tiqué un cabinet dans une tourelle
à l'angle de la terrasse, dont la fe-
nêtre donnait en face de celle de
ma bien aimée. J'obtins sans peine
de Stéphana, sans qu'elle pût se
douter quel intérêt je pouvais y
avoir, qu'elle me donnerait la clef
d'un petit escalier qui conduisait à
ce cabinet, où, disais-je, je pourrai
travailler sans être distrait. Cette
clef me parut un trésor inappré-
ciable.

Je passais tous les instans de la
journée à contempler les dangereux
attraits de Thérézia : la langueur que
son état et son chagrin lui causaient
la rendaient mille fois plus touchan-
te. Je m'enivrais de volupté, et je
n'aurais pas donné la tourelle pour

le plus superbe palais. Stéphana se repentit de m'avoir remis cette clef, elle ne me voyait presque plus, et elle s'en plaignit à sa mère. Il passe, dit-elle, tout le jour à travailler dans la tourelle, et on ne le voit plus. — Qui lui en a donné la clef ? — C'est moi. — La baronne, ne dit rien, et fit changer la serrure pendant que l'on dinaît.

Le soir, je voulus inutilement entrer dans ma précieuse retraite, mais ce fut en vain. Alors je vis bien que j'avais été trahi : je m'en plaignis à mon oncle ; mais il ne put obtenir qu'on me rendît la nouvelle clef, de sorte que j'étais même privé du bonheur de la voir.

Enfin, le terme craint et désiré arriva. Après plusieurs heures des

plus vives inquiétudes, tu vis le jour.
Ma joie, quand je sus que c'était un
fils, fut extrême. L'ermite vint-te
baptiser. Mon oncle et ma tante
furent les parrain et marraine, et
on te nomma *Victor*, sans y ajouter
d'autre nom, malgré tout ce que je
pus dire. Mais mon oncle prétendit
qu'il fallait forcer Thérézia à m'é-
pouser, pour donner un état à son
enfant : ce qui lui paraîtrait plus
nécessaire, s'il n'en avait aucun. On
ne me laissa pas entrer chez la mère
e mon fils ; mais j'appris avec une
rande satisfaction, qu'elle le nour-
issait ; et je conclus de là qu'elle
'avait point le projet de s'en sépa-
er. Je ne connaissais pas toute la
izarrerie du caractère de Mlle de
idelfort. Elle voulait t'assurer un

sang pur et exempt des vices que l'on contracte souvent avec un lait étranger, et elle ne voulait pas te donner dans la société le rang qui t'appartenait en m'épousant. Non-seulement elle ne voulait point être ma femme, mais elle s'obstinait à ne pas me voir. Sa conduite avec moi me fit éprouver tant de chagrins, que je tombai dangereusement malade, et je ne laissai pas ignorer à M. et à Madame Forcheim que j'étais décidé à me laisser mourir si Thérézia continuait à me priver de la voir et mon enfant. Mon oncle, qui m'aimait sincèrement, prit enfin le parti de signifier à ta mère qu'elle eût à se réunir à la société, et nous faire jouir de la sienne, et à accoutumer le cher petit Victor à aimer ses parens. Ces ordres furent donnés de manière que ma tante n'osa y contrevenir, et détermina enfin celle que j'adorais à ne pas me priver plus long-temps de sa présence et de celle de son fils.

Ce fut à cette époque que je connus tout ce que valait celle dont la beauté m'avait séduit, et que je vis quel était son moindre mérite. Je passais des heures entières à l'écouter, à l'admirer : ma santé était bien meilleure ; et comme elle me traitait un peu moins mal, m'adressait quelque fois la parole, mettait parfois son fils dans mes bras, je me flattais toujours qu'elle s'accoutumerait à moi, et que la raison lui dirait qu'elle n'avait rien de mieux à faire que de prendre mon nom et le donner à son fils.

Au chagrin que me faisait éprouver le peu de progrès que je faisais sur le cœur de ta mère, se joignait l'ennui que me causait l'amour de Stéphana. Je ne pouvais disconvenir qu'elle était bonne, sensible, ne manquait pas d'esprit et d'instruction ; qu'elle avait une taille superbe que l'on ne pouvait comparer qu'à celle de Thérézia : mais tout cela ne pouvait m'accoutumer avec sa figure, qui me paraissait repoussante. Ma froideur avec elle la mettait au désespoir. Enfin, ne pouvant supporter seule le poids du chagrin que je lui causais, elle prit le parti d'en faire confidence à Thérézia. Celle-ci, instruite par ma tante que

sa fille ignorait mes torts avec elle ,
avait jusque-là gardé son secret ;
mais voyant qu'elle pouvait tirer
parti de l'amour que Stéphana avait
pour moi , et s'en servir pour ses
projets, elle se détermina à lui faire
une entière confidence de ses malheurs, et de la haine qu'elle avait
pour moi, en lui recommandant de
paraître ne rien savoir.

Alors elles tramèrent entre elles
le plus affreux complot. Plus Thérézia me marquait d'indifférence,
plus elle semblait liée d'une étroite
amitié avec Stéphana. Elles étaient
sans cesse ensemble ; elles portaient
l'affection au point de s'habiller
parfaitement de même, et se plai-
saient à tromper Victor, qui courait
quelquefois à sa cousine, croyant

que c'était sa mère ; surtout quand,
ces deux dames baissaient le voile
qu'elles avaient aussi pris l'habitude
de porter, l'une pour me priver
du charme que je trouvais à l'admirer, et l'autre pour ne me laisser voir
qu'une taille, une jambe, et un pied
dignes d'être unis à une figure charmante. J'avais peiné, je l'avoue,
quelquefois à les distinguer, surtout quand ma cousine tenait mon
fils dans ses bras ; ce qui lui arrivait
souvent depuis que tu étais sevré.
Tu l'aimais aussi beaucoup, et je
n'aurais pu m'empêcher d'admirer
la bonté de Stéphana, de te prodi-
guer tant de soins, si j'avais pensé
qu'elle savait que tu étais le fils de
sa rivale ; mais je l'ignorais comple-
tement.

Un jour, ma cousine entra chez ma tante pour lui faire voir une lettre que la supérieure du couvent où elle avait été élevée lui écrivait, pour l'engager à venir à sa fête qui devait avoir lieu dans trois jours. Ma tante y consentit, et cela ne changea rien à nos relations. Stéphana ne devait être que quinze jours absente, et je trouvais que c'était peu, car au moins, pendant ce temps, j'aurais peut-être plus de facilité à entretenir ta mère; ainsi ce départ me faisait plaisir.

Le jour arrivé, ces dames se réunirent, comme elles avaient coutume, pour le déjeûner. Elles étaient ce jour-là si parfaitement habillées de même, et leur toilette était si semblable, qu'au moment où elles

6.

baissèrent leur voile, il ne me fut
plus possible de les distinguer. Tu
connais l'une et l'autre, en les ap-
pelant toutes deux maman, car tu
parlais et marchais très-bien pour
ton âge ; tu venais d'avoir deux ans.
Enfin une d'elles te prit dans ses
bras pour te faire ses adieux, elle
remit dans les bras de l'autre, sortit
aussitôt, gagna le pont qui était
baissé, et monta à cheval, ainsi que
sa nourrice, qui devait l'accompa-
gner au couvent, et disparut aussitôt ; l'autre t'emporta dans son appartement, d'où elle ne descendit
point pour dîner, et fit dire qu'on
ne l'attendît pas pour se mettre à
table, qu'il lui avait pris une extinc-
tion de voix qui la faisait beaucou
souffrir.

C'est tout, au plus, dit le domestique qui avait été l'avertir, si on l'entend. Elle parle tout bas, tout bas. — Et Victor? demandai-je. — Il se porte bien, et joue auprès du lit de sa mère. Elle est dans son lit, et elle a bien prié qu'on ne vînt pas dans sa chambre, parce qu'elle va dormir. — Et Victor? — Elle m'a dit de lui apporter son dîner, et il a mangé de bon appétit. Et toute la journée et la nuit se passèrent ainsi; mais cela ne pouvait durer toujours.

Le lendemain, quel fut l'étonnement de madame de Forcheim quand elle vit entrer chez elle, au lieu de Thérézia, sa fille ! Ce n'est pas cependant que je n'aie toujours pensé qu'elle jouât la surprise, et qu'elle avait été de moitié dans cette infernale ruse. Pour moi, je crus, que j'en perdrais la raison. M. de Forcheim prit la chose très au grave, et signifia à sa fille qu'elle eût à rentrer dans son couvent pour n'en plus sortir. C'était tout ce que je pouvais souhaiter de plus favorable dans ma situation ; car je ne voyais Stéphana au premier moment qu'avec des mouvemens de rage. Si je m'en étais cru, je l'aurais étranglée ; et quand j'y pense encore, j'en frémis de colère. Cependant sa mère intercéda pour elle, et on commua la peine en une réclusion indéfinie dans sa chambre.

C'était là le moindre de mes soucis. Je voulais courir après la belle fugitive. Mon oncle m'observa que vingt-quatre heures perdues pour la poursuite de Thérésia donnaient bien peu d'espérance de la rejoindre. On interrogea inutilement mademoiselle de Forchiem ; qui jura ne savoir aucun des projets de son amie; qu'elle l'avait seulement chargée de présenter son respect et ses remercîmens à sa mère, lui avait recommandé son fils, que Stéphana lui avait juré d'adopter; ce qu'elle ferait si je voulais l'épouser, en te reconnaissant pour son fils. Je la refusai avec toute la dureté imaginable ; car je vis bien qu'elle ne s'était prêtée au départ de Thérézia que pour prendre sa place, croyant m'attirer dans ce piége par ton intérêt : mais moi, qui espérais retrouver celle que j'adorais malgré ses rigueurs, je ne voulais pour rien au monde me lier avec une autre.

Je suppliai seulement mon oncle de pardonner à Stéphana, et de lui rendre la liberté quand je serais parti, et il me le promit, en ta faveur. Car tu ne pouvais te passer d'elle ; et je dois lui rendre la justice que, bien plus tendre que ta mère, elle s'attacha à toi avec une si vive tendresse, que lorsque l'on me crut mort et toi perdu, ou peut être, m'ayant suivi dans la tombe, elle en conçut un tel chagrin, qu'elle en mourut peu de temps après.

Pour moi, je passai tout le temps depuis le départ de Thérézia jusqu'à mon assassinat, à la chercher. Je parcourus l'Allemagne, la Suisse, une partie de l'Italie, sans réussir à obtenir la moindre trace de ce qu'elle

avait pu faire, ni dans quel lieu elle
s'était retirée. Enfin, trois ans après,
son départ, Schwartz vint m'assurer
qu'il l'avait vue entrer dans un cou-
ent au milieu d'un très-grand bois,
rès de Cologne. Je ne t'avais mené
ans aucune des courses continuel-
es que je faisais, craignant qu'il ne
'arrivât quelque accident ; mais
ertain, cette fois, de retrouver ta
ère, je voulais me servir des grâces
e ton enfance pour la fléchir. Je
emmenai donc avec moi.

Je ne te retracerai pas ce terri-
le événement, qui est présent à ta
émoire; je te dirai seulement que
ai su depuis que les trois assassins
taient Lœben, et les deux frères
e Thérézia ; qu'ils me transportè-
nt, me croyant mort, dans l'épais

du bois, où ils me laissèrent et prirent la fuite. Je serais réellement descendu dans la tombe sans le zèle de Schwartz. Je l'avais envoyé en avant au couvent, parce qu'il pouvait aller plus vite que moi qui étais embarrassé d'un enfant, que je craignais toujours qu'il ne tombât. Il devait prendre des informations, et me les rapporter en venant à ma rencontre. Il entendit de très-loin la décharge que ces scélérats firent sur moi, presqu'à bout portant. Il eut de l'inquiétude, et força le pas de son cheval, quand il aperçut trois hommes qui fuyaient à toute bride, et un peu plus loin il trouva un cheval mort, qu'il reconnut pour être le mien. Les traces du sang l'aidèrent à suivre le chemin qu'ils avaie

pris , pour m'éloigner de la grande
route. Schwartz me trouva dans l'état
le plus déplorable. J'avais un bras
cassé , une autre balle m'avait percé
le cou , et n'avait cependant entamé
que les chairs; une troisième m'avait
brisé la jambe gauche : je perdais
tout mon sang, et il ne voyait presque aucun moyen de me sauver.
Il lui vint dans l'esprit de me m'a-
chever, pour m'empêcher de souffrir:
il n'exécuta pas ce projet, et chercha si quelqu'un aurait la charité
de l'aider à me transporter à une
maison que nous avions dans ce
canton , comme nous en possédons
près de toutes les grandes villes
d'Allemagne. Celle-la était occupée
toute l'année par une vieille femme
qui filait et n'avait d'autre emploi

que de savoir le nombre de person-
nes qui venaient dans cette maison,
d'écrire leurs noms, et de léur four-
nir tout ce dont ils avaient besoin.

Enfin il rencontra de nos gens
qui, ayant su que je devais ramener
ma femme à la maison, dite *l'Einœde* (1), venaient au devant de
moi pour protéger ma retraite.
Schwartz leur montra l'état funeste
où ces malheureux m'avaient ré-
duit : ils descendirent de cheval; un
deux, qui était chirurgien, me
pansa et jugea qu'aucune des plaies
n'était mortelle. On fit un brancard
avec des branches. Ils ployèrent
leurs manteaux pour en faire une
espèce de matelas, m'y couchèrent

_____

(1) En allemand, *solitude*.

et me conduisirent à l'Einœde , où je restai plusieurs jours dans un délire continuel.

Enfin, quand je fus rendu à la vie, je demandai mon fils. Schwartz me dit qu'il ne l'avait point trouvé, et qu'il y avait bien à présumer que ses oncles l'avaient enlevé. On te chercha sans pouvoir te trouver. Il paraît que les bûcherons qui t'avaient recueilli ne te laissèrent guère sortir de leur maison. — Je ne l'avais jamais quittée, quand il m'envoyèrent à Cologne. — Ce qui fit que mes gens ne purent te retrouver. Quant à moi, je ne restai pas long-temps dans ces cantons, parce ue mon signalement était connu, tque tous les petits princes d'Alleagne s'étaient engagés à me livrer

à l'empereur. Je revins donc ici dès
que mes forces me permirent de
monter à cheval. J'avais d'autant
moins d'intérêt à rester dans ce pays,
que je savais que les frères de Thérézia, aussitôt après m'avoir assassi-
né, étaient venus au couvent chercher leur sœur, et étaient partis
avec elle. L'idée que cette femme
que j'adorais avait trempé dans ce
meurtre horrible, me fit croire que
je ne l'aimais plus, et je n'éprouvai
pendant quelque temps que le chagrin de l'avoir perdu, et de penser
que tu serais élevé par ces monstres.

De retour dans cette citadelle,
je trouvai ma tante dans la douleur
de ma mort, qu'on lui avait assurée,
ainsi que la tienne, et pleurant sa
fille, qui, comme je l'ai dit, avait

succombé à la douleur de nous avoir perdus. Je donnai des larmes sincères à ma cousine ; et , en comparant sa tendresse à la cruauté de Thérézia, je regrettai de m'être attaché à celle qui me·haïssait , et d'avoir repoussé l'affection de l'autre , qui m'aimait de si bonne foi. Nous étions tous si tristes, que nous ne pouvions nous donner aucune consolation.

Mon oncle vieillissait : il se démit du commandement général en ma faveur. Les soins que cet emploi demande dissipèrent un peu mes noirs soucis. Nous fîmes quelques expéditions assez brillantes, et nous vîmes se ranger sous nos bannières des noms illustres , et un nombre considérable d'hommes courageux et capables de grandes choses,

7.

La gloire ne me consolait pas de
ta perte. J'avais pris les femmes en
haine depuis la trahison de Thérézia;
ainsi je ne pouvais avoir d'héritier,
quand tout à coup Schwartz, qui
avait été à l'Einœde pour y porter
des secours à des malheureux échap-
pés des prisons de l'électeur, afin
qu'ils pussent sortir de ses états, te
vit à la chasse avec le barron de Storlitz. Il t'a reconnu à ta parfaite ressemblance avec moi. Il prit tous les
renseignemens qui lui confirmèrent
que tu étais bien le fils de son maître. Alors il ne perdit pas un seul instant pour venir m'apprendre cette
heureuse nouvelle.

Quand il arriva, mon oncle venait de mourir. Je ne pouvais quitter la baronne, qui se trouvait ab-

solument seule. Je restai plus de deux ans avec elle. Enfin elle fut la première à m'engager à l'amener ici, où elle aurait un grand plaisir à te revoir. Tu sais comme tout a concouru à l'accomplissement de mes vœux. Il ne dépend plus que de toi de me rendre heureux, en te fixant près de moi ; et comme Victor allait répondre à son père, il ne lui en laissa pas le temps. Je sais que tu aimes Mlle de Storlitz, l'aimable Aurella. Je ne veux certainement pas t'en séparer : dis un mot, et dans quatre jours elle est ici. Elle t'aime, et elle sera heureuse de t'y trouver : vous vous marierez, et je jouirai de votre bonheur.

Je sens, mon père, tout le prix de votre tendresse, et, comme je

vous l'ai dit, il ne manque au bon
heur, que j'éprouve en vous retrou
vant, que de ne vous point voir chef
d'une association que je ne puis estimer; parce que tout ce qui com
bat un pouvoir légitime me paraî
criminel. Je n'ai pas trompé ceux
des vôtres qui m'ont reçu : je leur ai
dit que je m'engageais qu'au si
lence, mais que, du reste, si vos pri
cipes n'étaient pas d'accord avec le
miens, je me retirerais de l'associa
tion. Eh bien! je ne puis m'emp
cher de vous déclarer qu'il m'est im
possible d'adopter vos opinions; v
que si vous ne voulez pas, mo
père, y renoncer, comme je l'ima
gine, je ne vous demande d'autr
grâce que de me laisser rejoindr
ceux qui m'ont élévé, qui m'ai

ment, qui vous aimeraient si vous vouliez reprendre votre rang dans la société. — Tu oublies, mon fils, que je suis proscrit par un jugement ˙nique, et que je ne puis reparaître aüs l'a société sans porter ma tête sur l'échafaud. — Eh bien ! mon ère, laissez-moi faire casser cet arêt ; et promettez-moi, si vous pouvez reparaître sans crainte à Dresde, et rentrer dans vos biens, que vous uitterez ce repaire de machinaions, qui, comme vous le dites, e régénéreront pas le monde, mais e bouleverseront.

Le comte de Stein était bien étoné de voir une homme aussi jeune arler avec tant de fermeté ; il admirait son esprit, la sensibilité qui se peignait dans ses regards. Mon

père, ajouta Victor, menez-mo
donc voir la baronne ; je me la rappelle confusément. Il me semble
qu'il y avait dans sa personne beaucoup de dignité. — Je vais t'y conduire ; car je me flatte que tu réflé-
chiras sur ce que je t'ai proposé, et
que, plus instruit de nos statuts, tu
en jugeras différemment. — Jamais,
mon père. Il est une loi gravée au
fond du cœur, qui dicte notre pr
mier jugement sur ce qui est bie
ou mal ; et cette loi ne nous tromp,
pas quand les passions ne nous aveu
glent pas. Je ne relève qu'un seu
article de vos statuts, celui des con
tributions que vous exigez sans e
avoir le droit. — Celui de la justice
— Elle n'appartient qu'au gouvernement. Exercée par les particu-

liers, c'est un brigandage... — Mon fils, vous abusez de mon excessive tendresse. — Non, mon père, je vous prouve la mienne. Mais allons voir la baronne, j'ai un grand désir de m'entrenir avec elle.

Le père de Victor sortit de la rotte et fit signe à son fils de le uivre. Ils traversèrent un très-beau ardin, arrivèrent à un pérestile souenu par quatre colonnes de marbre ntique, et ils entrèrent dans un estibule que Victor se rappela. Ils ontèrent un très-bel escalier qui onduisait à la terrasse dont nous vous parlé, et Victor la reconnut ncore mieux. C'était là où il avait ormé ses premiers pas. Le comte, récédé de son fils, et ouvrant une orte-fenêtre qui donnait sur la ter-

rasse, entre dans une très-belle
chambre magnifiquement meublée,
où était la baronne. Ma tante, dit-il
en entrant, voilà Victor.—Dieu! se-
rait-il possible? Le jeune homme
qui se rappela alors des bontés que
sa vieille parante avait eues pour lui,
se jette dans ses bras, et lui fait mille
caresses. Ah! dieu, Disait Mme de
Forcheim, mon cher enfant, quel
dieu te ramène parmi nous! Hélas!
Tu n'y retrouves ni ta mère, ni ton
vieil oncle, ni ma pauvre fille, que
le bruit de ta mort, de celle de ton
père ont fait mourir de douleur.
Mais comme il est grand, beau! c'est
encore le portait de ma pauvre
sœur : car tu ressembles trait pour
trait à ton père. — A-t-on des nouvelles de Thérézia? — Aucunes.—

Le comte, qui avait des ordres à donner, laissa son fils et sa tante seuls.

Ce fut alors que ce généreux jeune homme dit à celle qu'il regardait comme une mère tout ce qu'il pensait sur leur position respective. La baronne l'embrassa, et lui dit : Cher Victor! tels ont été mes sentimens sur cette association secrète, depuis l'instant que je me suis vue conduire ici par un époux que j'adorais, qui, en m'enlevant à ma famille, ne m'avait laissé d'autre parti que de me soumettre à ses volontés. Mais je n'ai pas moins vu avec une profonde douleur tout ce que j'aimais confondu avec des hommes n'ayant pour principe que des idées exaltées et qui se croient tout permis,

parce qu'ils sont en grand nombre.
Ah! cher Victor, si vous pouviez
arracher votre père à ces scélérats,
peut-être alors retrouverait-il sa Thérézia ; car je suis certaine qu'elle
l'eût épousé s'il n'eût pas été dans
cette ordre qu'elle méprise. Et lorsque je la pressai de s'unir à votre
père, elle me disait : J'aime mieux que
Victor n'ait pas d'autre nom que de
lui avoir porter celui d'un chef de
conspirateurs. Voilà ce qu'elle n'a
dit qu'à moi et à ma pauvre fille.
Et il faut tâcher de faire annuler
l'arrêt qui condamne ton père, et
alors, sous un prétexte ou sous un
autre, nous le déciderons à aller à
Cologne. Une fois sorti d'ici, il n'y
rentrera pas. Elle ajouta : Je ne t'ai
pas perdu de vue ni Thérézia. Pour

son intérêt et le tien je l'ai laissé ignorer à ton père : mais sache que la mère Sainte-Anne n'est autre que Mlle de Midelfort. — Ah, dieu ! que me dites-vous ? Quoi ! celle qui m'a tant de fois contrarié dans mes innocentes amours ! Victor se promit qu'elle ne se refuserait pas à ses prières, et qu'elle pardonnerait à son père pour l'intérêt qu'il ne doutait pas, malgré sa froideur apparente, qui lui inspirait.

Le comte revint. Son fils fut avec lui tendre, empressé, et il était aisé de voir qu'il lui était cher, et ne voulait l'arracher à une société qu'il regardait comme très-pernicieuse, que pour se livrer à tout son sentiment pour lui. M. de Stein, dont l'âme était naturellement tendre et

même passionnée, ne pouvait s
rassasier du bonheur de retrouv
son fils, et on voyait aussi qu'il y
aurait fort peu de chose qu'il ne sa-
crifiât à la félicité de passer ses
jours avec son cher Victor. La bonne
baronne en avait la douce espérance ; mais laissons-la chercher les
moyens de la réaliser, et retour-
nons à Cologne, pour connaître
quel rapport l'homme au billet a
avec la religieuse.

On avait laissé à Mme Sainte-Anne
tout le temps de rassembler les ma-
tériaux qu'elle voulait employer
pour faire connaître enfin celui qui
causait tout le deuil d'une société
qui jusque-là avait été si heureuse.
Le lendemain matin, elle fit prier
M. de Storlitz de vouloir bien mon-

ter chez elle. Il fut étonné de la trouver habillée en séculière, et mise avec assez d'art pour relever une beauté qui n'était pas sans éclat, et dont on n'avait jamais eu d'idée jusqu'à ce moment, qu'elle se cachait sous son voile et sa guimpe. M. de Storlitz en fut frappé, et plus encore de sa ressemblance avec quelqu'un qu'il connaissait et qu'il ne pouvait se rappeler, et surtout il lui trouva l'air jeune; et en effet, elle n'avait pas encore trente-cinq ans.

— Vous êtes peut-être surpris, monsieur le baron, de ne me point voir sous les habits que j'ai toujours portés depuis que j'ai l'honneur d'être chez vous. Ils ne m'appartiennent point; je n'ai point fait de

8.

vœux, et je ne portais cet habit que
pour me cacher à vous-même, et
aux autres; mais aujourd'hui, que je
vais me faire connaître; il est inutile que je garde ce déguisement.
Je suis Thérézia de Midelfort. —
De Midelfort! mon meilleur ami,
mon frère d'armes, et vous êtes ca-
chée sous le modeste nom de mère
Sainte-Anne? — Plût a Dieu que ce
nom révéré eût été enseveli avec
moi et mes coupables frères dans
la tombe! Mais écoutez le récit de
mes longues et douloureuses infor-
tunes.

Thérézia, car il faut bien l'appeler par son nom, passa très-légère-
ment sur ses premières années,
mêmes sur ses amours avec Lœben.
Destinée par le sort le plus funeste

à ne pouvoir estimer ceux avec qui l'amour et les devoirs lui donnaient des rapports, elle avait conçu une grande horreur pour son premier amant au moment où il assassina le père de son fils, et lui déclara à lui-même qu'elle ne serait jamais l'épouse de celui qui avait rougi ses mains du sang de son semblable ; mais elle rendit avec toute le force de l'indignation le crime de M. de Stein. A quelques expressions près, son rapport est absolument le même que celui du comte ; ainsi il est inutile de le répéter, et nous allons entendre seulement de Mlle de Midelfort la fin de son récit.

« Je me rendis, avec un lettre de Stéphana, chez la supérieure de son couvent, à qui elle me recom-

mandait dans les termes les plus af-
fectueux: mais je fus loin de trouver
chez elle les secours qui m'étaient
si nécessaires. Des scrupules fort ri-
dicules me lui permettaient pas,
disait-elle, d'admettre au rang des
vierges du Seigneur une femme qui
avait eu un enfant. Elle me fit repentir de la franchise de mes aveux;
car il ne tenait bien qu'à moi de la
tromper sur ce point. Il n'y a point
de matrones dans les couvens; mais
enfin je lui avais confié mes malheurs, et, loin d'y être sensible, elle
me repoussa de son chaste asile. Je
crois bien que j'aurais pu lui faire
révoquer son arrêt en lui montrant
une bourse pleine d'or, que je trouvai avoir été placée à mon insu dans
le très-léger paquet que j'avais em-

porté de la citadelle ; ce qui m'a fait croire que la baronne de Forcheim savait bien que c'était moi qui quittais son triste château. Mais je ne voulais pas me servir de cette somme, que je comptais faire remettre dès que je le pourrais à Stéphana. Ne me trouvant donc pas en sûreté dans cette communauté, il fallut bien s'occuper à en chercher une autre. Je m'adressai pour cela au seul homme qui pouvait m'être utile, le directeur du couvent. Il avait une dévotion éclairée et un cœur sensible : ma situation le toucha , et il m'offrit de me conduire dans un couvent près l'Einœde ; mais la grande difficulté était que je ne fusse rencontrée ni par mes frères , ni par le comte , ni même par Lœben.

Il pensa qu'il fallait, malgré tout ce que pouvait dire la supérieure, rester un an ou deux dans ce pieux asile comme simple pensionnaire sous le nom d'Anna, qui était celui que j'avais pris. Il me demanda si je pouvais payer ma pension ; je lui montrai une bourse pleine d'or frappé en Italie : ce qui levait selon lui tout scrupule. Cet argent vous a été donné bien certainement par la baronne de Forcheim, que vous m'avez dit être une des grandes maisons d'Italie, et ces pièces portent l'empreinte de la monnaie des états vénitiens, donc elles viennent de madame la baronne de Forcheim, et n'ont aucun rapport avec les spoliations du baron. Vous pouvez donc en faire usage. C'est un secours que

la Providence vous a ménagé ; dans
deux ans d'ici, lorsque l'on vous
croira dans un pays bien éloigné, je
vous conduirai moi-même à l'Einœde. Tout fut arrangé comme il
le désirait, parce qu'il avait tout
empire sur l'abbesse.

Pendant ces deux années, Sté-
hana vint au couvent deux ou trois
ois : elle me donnait des nouvelles
de mon fils ; elle me le fit voir un
our en l'amenant promener sous les
enêtres du couvent ; il y en avait qui
onnaient sur une splanade, et d'où
'on voyait à près d'une demi-lieue.
e le vis donc ce malheureux enfant,
que j'ai condamné à vivre dans l'obs-
curité, et qui peut-être a rejoint son
père dans la tombe. Je le vis, et sa
grâce, sa jolie figure, que je distin-

guais quand Stéphana l'approchait des murs du couvent, m'intéressait vivement. Mais je ne pouvais me résoudre à lui donner pour parens des conspirateurs.

Enfin quand Stéphana m'assura que son cousin m'avait oubliée, je me décidai à me rendre dans l'abbaye où je devais faire des vœux qui me sépareraient pour toujours de M. de Stein et de Lœben. Il y a à présumer que les mesures n'avaient pas été bien prises. Tous ceux à qui je devais cacher mes démarches en furent instruits, mes frères, M. de Lœben et le comte.

Je fus très-bien reçue dans la sainte maison où j'espérais finir mes jours; mais, un mois après, je fus demandée à la grille par mes frères, qui m'accablèrent d'injures et me déclarèrent qu'ils étaient résolus à tirer la plus terrible vengeance de mon ravisseur, et que malheur à lui s'il paraissait dans les environs; que

Lœben se joindrait à eux, non par amour pour moi, ma cousine l'ayant guéri de sa fatale passion, mais pour punir un scélérat qui lui avait fait perdre le bonheur de sa vie. J'eus beau chercher à me justifier, cela fut impossible.

Six jours après, MM. de Lœben et Midelfort vinrent à l'abbaye, munis d'un ordre de l'électeur de Brandebourg, pour que je fusse remise dans leurs mains. Je demandai inutilement qu'on me laissât dans l'asile d'où rien ne pouvait me faire sortir qu'un ordre supérieur. Ils n'eurent aucun égard à ma demande; ils me firent monter à cheval et m'emmenèrent sans s'arrêter, sinon que pour prendre des relais qui les attendaient sur la route, jusqu'à Hambourg, où Lœben nous rejoignit. Nous nous embarquâmes. Ce fut alors qu'ils m'apprirent le crime qu'ils avaient commis, et qui me glaça d'horreur. Je leur reprochai, de la manière la plus violente, leur infâme conduite; et surtout l'abandon où ils avaient laissé le fils après avoir tué le père. En vain Lœben s'efforçait de me faire souvenir de nos premiers sermens; je ne voulus point l'entendre, et je voulais qu'ils me ramenassent en Allemagne. Il paraît que leur projet était d'aborder dans le nord de l'Ecosse; mais le ciel en ordonna autrement. Nous fûmes surpris par une horrible tempête : le vaisseau fut submergé, et ces trois monstres périrent. Je fus jetée sur la côte près Oldembourg. Il ne me restait qu'une partie de l'or que je devais à la générosité de la baronne, et que je portais sur moi dans ma ceinture. Je m'en servis pour me faire habiller, et pour louer une litière. Je me fis conduire chez l'évêque de Cologne, qui est mon proche parent; je lui fis un tableau de tous les malheurs qui m'avaient poursuivi. Mon père était mort :

d'ailleurs ; je ne voulais avoir aucun rapport avec la société ; et mon respectable parent, approuvant mes raisons, me fit entrer dans l'abbaye de Ste-Marine. Vous savez comme l'abbesse m'engagea a me charger de l'éducation de l'aimable Aurella. Je n'avais pas encore fait de vœux ; mais il fut convenu que je garderais les habits de religieuse, qui me cacheraient mieux que tout autre, et me donneraient la faculté de vivre dans la plus obscure retraite. Cet arrangement fait entre l'évêque et mon abbesse, je vins habiter votre maison ; j'y ai été aussi heureuse que mes tristes souvenirs me le permettaient, mais au moins très tranquille pendant douze ans. Le billet que vous avez reçu a renouvelé toutes mes douleurs ; et la pensée que Victor, qui avait si miraculeusement échappé à l'association secrète, se trouve sous leur puissance, me cause une profonde douleur.

Je n'ai pas interrompu le cours de cette lamentable histoire par les exclamations du baron quand il sut que Victor était le fils de Thérézia et du comte de Stein ; mais il fut bien aisé de remarquer qu'il ressentait plus de joie de cette découverte que de chagrin. Il ne communiqua point ses projets à Thérézia, mais il en fit part à M. de Ziermann, en lui disant de les laisser ignorer à sa femme et à Aurella ; puis il fit sceller son cheval de bataille et donna ordre à huit hommes bien montés et armés, de le suivre, parmi lesquels on comptait Jenneric ; et ils prirent tous la route de Iéna. Après trois jours de marche, ils arrivèrent dans le bois que le lecteur connaît, le traversèrent sans aucune rencontre fâcheuse, et vinrent enfin à la vue de la citadelle. Le baron de Storlitz s'avança en parlementaire jusqu'à la tête du pont. Victor l'aperçut et alla aussitôt en avertir son

père et la baronne, qui, à sa prière,
obtint de son neveu qu'on baisserait
le pont ; mais à condition que M. de
Storlitz entrerait seul dans la citadelle. Il y consentit, et, ayant mis
pied à terre, il traversa les fossés,
et fut reçu à l'autre bord par Victor
qui se jeta dans ses bras, et le conduisit au même instant chez Mme
de Forcheim. Celle-ci le reçut avec
un sensible plaisir, et lui demanda
en grâce de la seconder dans le projet qu'elle avait de faire quitter à son
neveu ses redoutables compagnons.
Lé comte de Stein ne tarda pas à se
rendre dans l'appartement de sa
tante. Il apprit avec la plus grande
joie que Thérézia existait, et qu'on
avait l'espérance de la décider à
l'épouser, s'il voulait renoncer à la
mystérieuse association et le suivre
à Cologne. Il fut ébranlé par les dis-
cours du baron et ceux de sa tante ;
mais il ne put résister aux prières et
aux larmes de son fils, et il fut con-

9.

venu qu'au milieu de la nuit il quitterait la citadelle, ainsi que Mme de Forcheim, Victor, Schwartz et quelques serviteurs fidèles ; qu'aussitôt arrivé à Cologne, le baron de Stoelitz obtiendrait la révision du procès ; que le comte épouserait Thérézia, assurerait un état à son fils qui se marierait à Aurella, et qu'ils oublieraient, au sein de l'amitié, les malheurs et les fautes que les passions leur avaient fait commettre ; mais il fallait le consentement de Thérézia, et il n'était pas obtenu. Cependant on se met en marche. Une litière transporta la baronne et sa femme de chambre ; tout le reste était à cheval. On vit de loin en loin des partis de l'association ; mais le comte se nommait, et on passait. Sur les trois ou quatre heures de la seconde journée, s'étant mis en chemin à l'aurore, ils n'avaient pas fait deux lieues, qu'un des mulets qui portaient la litière s'abattit et se cassa la jambe : il fallait nécessairement arrêter. On se trouvait à l'entrée d'un pauvre hameau : on frappe à la première porte, et une femme entre deux âges ouvrit. Sa physionomie n'était point inconnue au comte. — Ciel ! dit-il, n'êtes-vous pas Lisbeth, la femme de chambre d'une certaine Rosa ? — Eh ! mon Dieu, oui, répondit cette femme.— Quelle étonnante rencontre ! Et Rosa, qu'est elle devenue ? — Elle demeure dans une maison de campagne, à deux lieues d'ici, elle vit dans une grande retraite, et ne peut se consoler d'avoir fait une fausse déposition contre vous.

Le baron de Storlitz, qui sentit à quel point cette femme pouvait leur être utile, lui proposa de venir avec eux à Cologne : ce qu'elle accepta dans l'espérance d'être utile à M. de Stein. On se rendit, dès que l'on eut pu se procurer un autre mulet, chez Rosa, qui ne fut pas peu sur-

prise de voir une si nombreuse co
pagnie venir chez elle à six heure
du matin, et elle le fut encore pl s
en apercevant M. de Stein, et frappée de terreur, elle s'écrie : — Je
suis une misérable pécheresse, ayé
pitié de moi, je suis prête à tout
avouer pourvu qu'on ne me fasse
pas mourir. — Vous ne mourrez pas,
je vous jure, dirent MM. de Storlitz et de Stein, et ils lui ordonnèrent
de venir avec eux. Elle ne put le leur
refuser : on la mit sous la garde de
Swartz, qui en répondit sur sa tête.
Ces deux importans témoins retrou-
vés, on suivit le chemin de Cologne,
où ils arrivèrent le quatrième jour.
Rien ne peut peindre la joie des amis
de Victor, et surtout celle d'Aurella.
On mit Rosa et Lisbeth dans une
chambre grillée, d'où elles ne pou-
vaient s'échapper. Puis le baron alla
trouver Thérézia qui n'avait point
paru. Il lui parla avec tant de force
de la nécessité de donner un état à

son fils, qu'elle consentit, si le jugement du comte était annulé, à prendre
son nom ; mais elle ne voulut point
le voir avant que cette importante
affaire ne fût décidée. M. et Mme
de Ziermann, au contraire, le com-
blèrent de marques d'amitié, n'at-
tribuant ses fautes qu'à la force des
circonstances où il s'était trouvé.
MM. de Storlitz, de Ziermann, de
Stein, et la baronne partirent pour
Vienne avec leurs témoins. Victor
ne quitta pas Mme. de Ziermann,
ainsi qu'Aurella, qui restèrent avec
Thérézia. Celle-ci apprit à son élève
qu'elle était mère de Victor, ce qui
doubla la tendresse que cette charmante personne avait pour celle qui
l'avait élevée.

Dès que nos voyageurs furent arrivés à Vienne, le baron de Storlitz
obtint une audience particulière de
l'Empereur, à qui il rappela ses longs
et bons services, n'en demandant
pour récompense que justice pour

le père de celui qu'il destinait pour époux à sa fille. L'empereur la lui promit. Il ne fut point question de l'association secrète, on ne le connaissait point sous son véritable nom, qu'il ne prenait jamais dans ses expéditions. Les dépositions des deux femmes furent si claires, que la cassation de l'arrêt ne souffrit aucune difficulté. On avait obtenu d'avance la grâce de Rosa, qui se retira dans un couvent d'un ordre très-austère, où elle vécut et mourut avec les sentimens d'un sincère repentir. Des que le jugement fut rendu, les amis de Victor prirent le chemin de Cologne. Ils firent reconduire Lisbeth dans sa chaumière, en lui ayant assuré une pension suffisante pour subsister tranquillement. Enfin ils arrivèrent chez Mᵐᵉ de Ziermann, qui les reçut avec une joie infinie. Pendant leur absence, la mère et le fils s'étaient revus avec une grande joie;

et l'amour maternel ayant enfin sur-
monté tout les préjugés , elle con-
entit à une entrevue avec le comte ,
qui se jeta à ses pieds. Elle le releva
et l'embrassa en lui disant : L'oubli
u passé est ce que nous devons à
otre fils ; nous ne sommes plus dans
'âge de l'amour : que l'amitié nous
n console !

Trois jours après , le mariage du
comte et de Thérézia fut célébré
eci ètement , et ils reconnurent Vic-
or pour leur fils , en présence de la
baronne de Forcheim, de M. de Stor-
itz , de M. et de Mme de Ziermann ,
et d'Aurella. Alors on parla publi-
quement du mariage de Victor avec
sa jolie amie , et il fut célébré avec
ue grande pompe. M. de Stein ren-
ra dans tous les biens qu'il avait à
resde, qu'il échangea contre des
terres et un château près de Cologne, où il fit rapporter les restes de
son père, auquel il éleva un superbe mausolé. Il ne conserva nul rap-

port avec ses anciens compagnons,
mais ne les trahit pas. Victor et Aurella, et les enfans que le ciel leur
donna, firent le bonheur de la vieil-
lesse de Mme de Forcheim et de leurs
autres parens ; car ils suivirent toujours les sentiers de la vertu et de
l'honneur.

FIN

www.ingramcontent.com/pod-product-compliance
Lightning Source LLC
Chambersburg PA
CBHW060634100426
42744CB00008B/1619